AF226712

LA
CONSTITUTION DE 1871

ÉTUDE

PAR

M. JULES DE LABATIE

Avocat, ancien membre du Conseil général de la Haute-Loire.

PRIX : 25ᶜ

LE PUY

IMPRIMERIE ET LITHOGRAPHIE M.-P. MARCHESSOU, ÉDITEUR

Boulevard Saint-Laurent, 23.

LA

CONSTITUTION DE 1871

La France malheureuse et vaincue, mais toujours fière et debout, vient de régler chèrement avec la Prusse, le compte de cette fatale guerre suscitée par l'empire sans motifs comme sans prévoyance.

En possession d'elle-même par le suffrage universel,

Débarrassée pour toujours de la dynastie napoléonienne qui lui a été deux fois si fatale ;

Affranchie également de la dictature républicaine que le schisme de la délégation de Bordeaux faisait peser sur elle,

La France pourra se donner avec réflexion, avec maturité, un gouvernement définitif tel que l'exigent son génie, ses mœurs, le rang qu'elle occupe dans le monde depuis tant de siècles, les besoins de la civilisation, enfin, le soin de son avenir.

Que l'Assemblée nationale récemment élue se charge de cette œuvre délicate, sauf ratification plébiscitaire ; ou, ce qui est plus probable, qu'elle la renvoie à une nouvelle Assemblée plus spécialement élue, élue aussi dans une plus grande plénitude du suffrage universel, il n'en est pas moins vrai que la Constitution de 1871 est une œuvre pressante.

Constatons aussi qu'à aucune époque la France ne fut dans des conditions de liberté morale plus grande pour se choisir un gouvernement.

Mais quel doit être ce gouvernement ?

Telle est la question qui s'impose, non pas seulement à tous les esprits sérieux, mais à tous les bons citoyens.

Les restrictions du décret de Bordeaux du 31 janvier ont pu fermer l'accès de l'Assemblée à quelques hommes éminents.

Le vote au canton et quelques rares pratiques imitées du régime si universellement conspué ont pu l'ouvrir, au contraire, à quelques exaltés, en petit nombre, qui n'y seraient ainsi entrés que par surprise...

Mais, en somme, de grandes illustrations sont dans cette Assemblée.

La majorité, dans tous les cas, appartient à ce grand parti conservateur-libéral qui s'est levé, en 1871, comme il se leva en 1848 pour l'inauguration du suffrage universel.

Voilà de légitimes motifs de confiance pour le cas où l'Assemblée actuelle se croirait dans l'exercice de sa souveraineté en abordant l'organisation constitutionnelle du pays.

Dans notre humble sphère, nous n'avons pas la prétention de donner des conseils à nos législateurs; nous n'espérons même pas, qu'absorbés par leurs préoccupations patriotiques, nos réflexions arrivent jusqu'à eux.

Notre but est plus modeste :

Nous voulons, dans le périmètre étroit de notre petite province, examiner avec nos concitoyens ces questions si graves qui appellent les méditations de tous et dont la discussion, dans chaque département petit ou grand, ne peut que concourir à former ou à éclairer cette opinion publique, qui doit être la vraie pression digne d'exercer une légitime et salutaire influence sur ceux qui, dans le présent ou dans un avenir immédiat, doivent fixer le sort de la patrie en deuil.

Après ces réflexions préliminaires, que le sujet nous a paru comporter, nous allons entrer en matière.

Contrairement à l'opinion du plus grand nombre, peut-être, nous pensons que la question de savoir si le gouvernement futur de la France sera monarchique ou républicain, est et doit être secondaire, au moins dans l'ordre logique de la discussion.

Les développements qui vont suivre expliqueront mieux notre pensée et nous espérons qu'ils la justifieront.

Examinons donc les principes fondamentaux qui doivent présider à la constitution future.

En fait de constitution, la France possède un riche arsenal :

Constitution de 1791 ;

Constitution de l'an III ;

Constitution de l'an VIII ;

Constitution du premier empire, avec ses actes additionnels ;

Charte octroyée de 1814 ;

Charte de 1830 ;

Constitution de 1848 ;

Enfin, constitution du deuxième empire, avec ses sénatus-consultes modificatifs.

Que sont devenues, hélas, ces œuvres fragiles qui,

outes, avaient la prétention de régler, à tont jamais, le ort de la nation française, et qui ne sont qu'autant de témoins de sa mobilité que l'étranger nous reproche amèrement et à bon droit.

Avertie donc par les leçons du passé, il faudrait aujourd'hui que la France, tenant compte de l'esprit du temps, des préoccupations de l'avenir, du progrès incessant de la civilisation, se donnât un gouvernement avec la ferme résolution d'en respecter la base et la forme. Il faudrait qu'elle se soumît ainsi à des règles positives telles que celles qui gouvernent en général le monde physique suivant les lois de la nature.

La Constitution de 1871, pour être durable, doit donc être l'œuvre de la sagesse elle-même.

Il faut qu'à sa perfection, du moins relative, vienne se joindre la ferme volonté des esprits de ne pas s'insurger le lendemain contre l'œuvre de la veille, qui ne saurait, pas plus qu'aucune autre œuvre humaine, se rencontrer dans des conditions susceptibles d'attirer à elle l'*unanimité* des convictions.

Bon gré, mal gré, les principes de 1789, pris dans leur généralité, régissent notre pays depuis quatre-vingts ans.

La Révolution française, la vraie révolution date de cette époque.

Toutes celles qui se sont succédé depuis sont les filles de celle-là.

Elles peuvent être considérées comme des tiraillements en sens divers produits, tantôt par les excès des uns, tantôt par l'ambition des autres ; en 1815, par l'intervention de l'étranger motivée et expliquée par les folles entreprises de Napoléon Ier, etc., etc.

Mais dès que la France se retrouve libre et en face d'elle-même, il faut le remarquer, c'est aux idées de 1789 qu'elle se rattache, comme à un ancre de salut.

L'Empire, qui s'est effrondré à Sedan, l'avait si bien compris que, dans son incessante hyppocrisie, les principes de 1789 étaient sans cesse dans ses discours.

Ces principes sont donc dans nos mœurs, ils sont pour beaucoup dans nos lois.

Ce qu'il faut à la France, c'est de les poser dans sa Constitution par des formules simples et abrégées.

Il faut et elle doit surtout empêcher les variations qui pourraient être inspirées, soit par ceux qui regrettent un passé impossible, soit par ceux, plus nombreux, qui, les uns sous l'influence d'aspirations généreuses, les autres mus par des ambitions désordonnées, rêvent des utopies irréalisables.

Les grands principes sur lesquels on a tant discouru se réduisent à des termes peu nombreux, parce qu'ils sont évidemment complexes.

Nous allons les résumer en peu de mots.

§ 1er.

Le Gouvernement de la France doit être démocratique.

Le suffrage universel étant désormais la base de notre organisation politique, il en découle naturellement que le gouvernement de la France ne peut être que démocratique; le contraire serait un non-sens, une contradiction.

Dans l'urne du scrutin, la voix de THIERS, par exemple, la voix de JULES FAVRE, la voix de GAMBETTA n'ayant pas plus de valeur mathématique que celle du plus ignorant des laboureurs, ou du plus humble des prolétaires et ceux de ces dernières catégories étant les plus nombreux, il est nécessaire que le gouvernement auquel ils participent au même degré, ait principalement leur intérêt pour but.

L'habileté et l'hypocrisie de l'Empire ont pu seules, à l'aide de criminels subterfuges, asseoir le despotisme et le gouvernement personnel sur la base du suffrage universel, en le faussant, en lui faisant subir les pressions administratives, dont nous avons conservé un si triste souvenir.

Le suffrage universel et le pouvoir despotique, le suffrage universel et les candidatures officielles étaient donc choses inconciliables, par suite en antagonisme perpétuel et, dans cette lutte, le suffrage universel contenait, en lui, le germe de la destruction de l'Empire.

Le gouvernement de la France, répétons-le, doit donc être essentiellement *démocratique*.

L'état de nos mœurs, les progrès de la civilisation le veulent ainsi.

Toutefois, il convient de s'entendre.

Dire que le gouvernement doit être *démocratique*, ce n'est point proclamer la suppression, l'abolition de l'*aristocratie*.

L'égalité devant la loi, qui est aussi maintenant une des bases de notre droit public, ne va pas jusque-là.

Toutes les sociétés comportent et doivent admettre des inégalités de condition.

Mais si l'on arrive par un travail honorable à conquérir une fortune qui vous place dans les rangs supérieurs de la hiérarchie sociale ou si on hérite de ceux qui l'ont acquise de la même manière, il est évident que, pour la conserver, on n'a besoin que de la protection de la loi commune à tous.

Tandis que ceux que leur degré d'intelligence, leurs aptitudes physiques ou les chances de la fortune ne favorisent pas également, ont besoin d'une sollicitude spéciale que la société leur doit par son gouvernement.

Cette sollicitude doit se traduire par des encouragements efficaces de toute nature; tels, par exemple, que l'organisation du travail dans certains cas, l'instruction gratuite, un allègement dans les charges de l'Etat, des banques de prévoyance, une protection spéciale pour les associations ouvrières, l'assistance publique, des asiles pour l'enfance et pour la vieillesse, etc., etc.

C'est ainsi que, pour faciliter à tous des moyens d'existence et de moralisation le gouvernement, suppléant à la philanthropie individuelle à qui toute initiative doit être laissée, a le devoir, à son défaut, de se préoccuper de l'intérêt des prolétaires.

Voilà comment nous entendons le mot DÉMOCRATIE, si diversement interprété et surtout si dénaturé.

§ 2.

La Constitution nouvelle doit garantir efficacement toutes les libertés.

L'homme illustre qui est, en ce moment, à la tête du Gouvernement a fait la nomenclature des libertés qui nous sont *nécessaires;* il prouvait alors combien elles étaient peu respectées par l'Empire.

Ces libertés principales sont :

La liberté individuelle, qui doit être hors de toute atteinte de l'arbitraire.

La liberté d'association et de réunion, réglée par des lois de police bien définies qui, sans l'entraver, doivent veiller à ce que l'exercice de ce droit ne puisse troubler l'ordre public.

La liberté de la presse.

La presse, comme les mauvais gouvernements, se perd par les excès. L'Empire pourrait nous raconter le profit qu'il a retiré de ses poursuites contre la *Lanterne* de ROCHEFORT.

La liberté électorale, dont le gouvernement déchu s'est si indignement moqué, la liberté électorale, qui ne peut exister qu'avec le vote à la commune.

La liberté de conscience, la liberté des cultes avec le droit à un traitement de l'Etat, pour les cultes légalement reconnus; droit particulièrement sacré pour la religion catholique, non pas seulement parce qu'elle est la religion de la majorité (ce qui serait déjà un motif plausible), mais parce que le traitement accordé aux ministres de ce culte est une juste indemnité de la vente des biens de l'Eglise, décrétée en 1791 par l'Assemblée nationale.

La liberté industrielle et commerciale, dégagée de toutes les entraves de la réglementation administrative, et qui comporte avec elle la liberté du travail et non-seulement la protection du travailleur, mais la plus grande sollicitude pour ceux dont le travail est la seule richesse.

La liberté de l'enseignement, qui ne doit être soumise qu'à des conditions de moralité et de capacité déterminées par la loi.

Enfin la *liberté absolue*, dont l'exercice pour chacun ne doit avoir d'autres limites que les droits d'autrui, la sécurité publique et le respect de la loi.

Toutes ces libertés doivent être sérieusement, efficacement garanties par la Constitution et les lois organiques qui en découleront.

§ 3.

Tous les citoyens doivent être admissibles aux fonctions publiques.

Ce principe est de l'essence des gouvernements *démocratiques ;* mais il ne doit pas être formulé d'une façon si laconique, dans la Constitution future.

En France, on aime particulièrement le pouvoir pour deux motifs :

Le premier, à cause de l'amour inné du commandement, de l'autorité ;

Le second, pour les avantages pécuniaires qu'on en retire directement ou indirectement.

Tant il est vrai que le désir de l'égalité n'existe dans ce pays que comme impatience des inférieurs d'égaler leurs supérieurs.

Si l'admissibilité aux fonctions publiques doit être incontestablement égale pour tous, il n'est pas cependant de principe, qui se recommande plus que celui-là à une réglementation sévère sans cesser d'être libérale.

Personne n'oserait contester que dans les convulsions politiques qui, depuis tant d'années, agitent notre pays, l'amour du pouvoir, la chasse aux fonctions publiques n'ait joué le plus grand rôle.

Pour former des armées, il faut de l'organisation, de la discipline : toutes choses qui ne s'acquièrent pas en un jour, qui ne sont que l'œuvre du temps, de beaucoup de temps. Nous venons d'en faire à nos frais une bien triste et bien chère expérience.

Il en est de même des choses de l'administration ; on ne résout pas sans des études préalables et spéciales, les difficultés et les problèmes qu'elles présentent à chaque instant.

Cependant toutes les révolutions qui se succèdent nous offrent ce triste spectacle de l'envahissement spontané des fonctions publiques les plus élevées comme les plus humbles par ceux qui ont témoigné de plus d'ardeur contre le régime renversé, par ceux qui se sont fait remarquer surtout par des déclamations de clubs ou par les violences de la presse démagogique qui devraient être répudiées par tous les gouvernements sérieux.

On est unanime à reconnaître que, depuis le 4 septembre, on a vu, dans beaucoup de départements, de jeunes rédacteurs de journaux excentriques dont le nom était à peine connu dans Paris et sa banlieue, occuper les emplois les plus importants de la province ; on les a vus s'y donner pour acolytes et pour auxiliaires les jeunes licenciés ou les jeunes bacheliers de la localité dont beaucoup n'étaient devenus républicains, que parce que l'Empire avait jusque-là méconnu leur mérite.

Le but apparent de leur ambition c'était de sauver la République et la France; et c'est ainsi qu'ils parvenaient, du même coup, aux honneurs et aux émargements du pouvoir, avec le bénéfice de l'exonération militaire.

Après Sedan, après le 4 septembre, personne en France, n'était ou n'osait être bonapartiste.

Dans les hauts emplois, dans les préfectures, par exemple, à la tête des parquets des cours d'appel ou même dans des parquets de grandes villes, des mutations étaient nécessaires, étaient indiquées, mais hors de là, dans la hiérarchie inférieure surtout, ces destitutions en masse, opérées par la délégation de Tours et de Bordeaux, étaient injustes et maladroites.

Avec les autres fautes émanées de cette branche du gouvernement, elles ont concouru à compromettre la République aux yeux de beaucoup de monde; à la rendre inquiétante, de pacifique, impartiale et généreuse qu'elle devait être pour s'imposer à tous.

Cette leçon du passé ne doit pas servir seulement à ceux à qui elle s'adresse; mais elle doit faire comprendre à tous que, pour procurer au gouvernement nouveau cette stabilité qui seule fera sa force, il faut, en jetant un voile sur ces misères communes à toutes les révolutions, en prévenir le retour, en réglant désormais les conditions d'admission ou d'éligibilité aux fonctions publiques.

Il est évident que ces conditions n'affectent ni la naissance, ni le rang, ni la fortune des aspirants. Leurs antécédents politiques doivent même rester sans influence dans cette question.

Mais l'administration du pays nous intéresse tous.

Elle ne doit être livrée, ni à la faveur du népotisme, ni à la vénalité qui nous donneraient, ou des fonctionnaires incapables, ou des fonctionnaires inexpérimentés.

Il faut que les fonctions publiques deviennent une carrière, à l'instar de ce qui se passe en Angleterre. On doit y arriver, comme dans les professions libérales, comme dans l'industrie, par l'éducation professionnelle, par des examens, par des concours, même, dans certains cas, par l'élection.

Les limites de ce cadre ne nous permettent pas de développer cette pensée qui comporterait un examen plus approfondi; il nous suffit d'indiquer les principes qui doivent régir cette matière si importante, si digne de l'attention des législateurs.

Nous aurons dans quelques instants l'occasion de revenir sur ce sujet, à un autre point de vue.

§ 4.

De l'administration intérieure.

Pour tout ce qui se rattache à l'organisation intérieure du pays, la Constitution de 1848 laisse peu à désirer. La division du territoire en départements, en arrondissements, en cantons et en communes fut maintenue par elle.

Toutefois, quelques bons esprits se sont élevés dans ces derniers temps contre la division par arrondissements qui ne correspond à rien de précis et de pratique. Déjà la Constitution de 1848 avait supprimé cette superfétation des conseils d'arrondissement.

L'arrondissement n'a pas une existence qui lui soit propre et personnelle.

En bas, vis-à-vis les cantons et les communes qui le composent, le chef administratif de l'arrondissement n'a aucune autorité directe. En haut et vis-à-vis le Préfet, il se borne à donner des renseignements oudes avis.

Il n'est donc dans tous les cas que l'intermédiaire entre les administrés et le Préfet ou entre le Préfet et les administrés. Il n'est, à vrai dire, qu'un *bureau de poste* destiné à les desservir plus exactement et plus officiellement.

Avec un vrai système de décentralisation, qui laisserait les affaires locales se régir localement elles-mêmes, un préfet, un conseil de préfecture, un conseil général, des conseils cantonaux, des municipalités librement élues et nommant leurs maires, voilà des rouages simples, faciles, économiques.

Les chemins de fer, tels qu'ils existent déjà, abstraction faite du développement qu'ils doivent acquérir, — les grandes lignes de chemins de fer — et les chemins de fer départementaux concourant ainsi avec les perfections incessantes de la viabilité, par la voie de terre, ont modifié la situation géographique ou topographique de la France, qui n'est plus en 1871 ce qu'elle était en 1790.

Outre que la Constitution doit poser le principe d'une révision des circonscriptions territoriales de toute nature (travail long et délicat, mais rendu nécessaire par les circonstances que nous venons d'indiquer), elle pourrait d'hors et déjà supprimer l'arrondissement comme sous-préfecture, de même que le plus grand nombre des tribunaux de ces chefs-lieux. Elle pourrait aller plus loin et supprimer sans danger, comme sans inconvénient, la moitié des cours d'appel.

Il faut évidemment que l'administration soit à la portée des administrés, que la justice soit facilement accessible pour les justiciables.

Mais il ne faut pas perdre de vue qu'en général il fallait au moins une grosse journée de marche à cheval pour aller devant son tribunal, ou à sa sous-préfecture.

Qu'il en fallait souvent trois et quelquefois plus, pour aller plaider devant la cour d'appel.

Aujourd'hui les distances sont, en moyenne, abrégées des trois quarts ; et l'on voit, dans le Midi surtout, des cours d'appel qui ne sont plus qu'à 2 ou 3 heures les unes des autres.

Toutes ces suppressions doivent être faites par extinction, en respectant les droits acquis, mais elles seront tôt ou tard irrésistibles. Des raisons d'économie les justifieraient, particulièrement dans le moment actuel.

Il est des institutions tellement acclimatées en France qu'il est à peu près inutile de les mentionner ici, quoiqu'elles ne doivent pas être omises dans la Constitution, avec les garanties qui leur sont inhérentes.

Ainsi l'institution du jury qui, quant à sa composition, doit échapper à l'arbitraire administratif, et à laquelle quelques extensions pourraient être données sans danger, par exemple en matière de délits de la presse.

Mais, c'est surtout en bas, nous ne saurions trop le répéter, que la sollicitude du gouvernement doit s'appliquer.

Les petits intérêts ont particulièrement besoin de sa protection.

2

La suppression des tribunaux d'arrondissement devrait correspondre à l'extension de la compétence des juges de paix.

Les hospices, les bureaux de bienfaisance, l'assistance publique, les caisses d'épargne doivent être généralisés, localisés plus encore qu'ils ne le sont aujourd'hui.

Et ponr le fonctionnement régulier, équitable d'une bonne administration intérieure, la responsabilité de tous les agents du pouvoir doit être bien définie et solidement garantie..

§ 5.

Contribution aux charges publiques. — Finances de l'État.

Sur les sujets que je viens de parcourir, alors qu'il s'agit d'abstractions métaphysiques ou de théories gouvernementales, il est bien difficile en France de s'entendre et de tomber d'accord.

Mais toutes ces difficultés augmentent encore, quand on en vient à aborder la question des intérêts matériels.

C'est ce que j'ai l'intention de faire dans ce paragraphe, et je comprends que cette tâche est ardue et délicate.

La Constitution de 1848, empruntant cette formule aux Constitutions antérieures, disait que « chacun

« contribue à l'impôt, en proportion de ses facultés et
« de sa fortune. »

Cela était-il en germe l'impôt progressif, une espèce
d'*income-taxe*, ou bien leur prohibition, ou bien tout
autre système de proportionnalité ?

L'Assemblée discuta longuement s'il fallait dire en
raison de sa fortune, ou en *proportion de sa fortune,*
etc. ; pure querelle de mots !... Mais la vraie question
resta indécise.

La République ayant été étouffée au berceau par la
présidence du prince Napoléon, même avant d'être
définitivement ensevelie sous l'Empire, nul ne sait
comment aurait été pratiquée cette théorie de la proportionnalité de l'impôt, si la République de 1848 eût
vécu.

La Constitution de 1871 doit aborder franchement la
question.

Avec la triste nécessité de réparer les calamités de
la guerre, pour la France et pour la Prusse, cette question est particulièrement importante et actuelle.

Le sentiment d'un patriotisme sincère nous porterait
à désirer que les malheurs que l'on vient de subir, et
la longue trace de souffrances, de sacrifices et de pri-
vations qui en seront la conséquence, servissent au
moins à la génération future en nous ramenant à la
vraie fraternité, à la vie modeste, aux rudes labeurs,
à ce détachement indispensable du *luxe* et du *comfort*
qui, en viciant les âmes, finissait par atrophier les
intelligences et énerver les courages.

Le luxe, le bien-être étaient l'objet des aspirations
universelles.

Le désir ardent, impatient du but, rendait souvent peu difficile sur l'emploi des moyens.

De là ces procès scandaleux qui ont amené de si tristes révélations sur l'acquisition irrégulière de beaucoup de fortunes !

Chacun ne recherchant que la richesse et les plaisirs qu'elle donne, nous avons vu cette dégénérescence des mœurs publiques poussée à ce point que, pour se procurer le plus de jouissances possible, non-seulement les classes riches, mais les classes ouvrières, les cultivateurs aisés allaient jusqu'à méconnaître les lois de la nature en limitant leur progéniture.

De là cette rétrogradation dans le progrès de la population en France.

C'est aux mœurs publiques à réprimer ces excès ; mais le Gouvernement y peut aussi quelque chose, et c'est son devoir de s'en préoccuper.

La question de la contribution aux charges n'est point étrangère à cet ordre d'idées.

Pour combattre l'impôt proportionnel, on a dit souvent qu'il tuerait l'agriculture.

Nous ne croyons pas à cet argument.

La démarcation entre les riches et les pauvres est difficile à établir ; c'est à la loi d'y pourvoir.

Mais les riches ne sont pas, en général, des personnes cultivant eux-mêmes leurs champs.

En présence des surtaxes qu'il sera indispensable d'établir, l'agriculture et la petite industrie seront bien mieux protégées si elles en sont affranchies en totalité ou en grande partie, et si, par un bon système de contribution aux charges, on les fait peser plus particulièrement sur les propriétaires dont les ressources excèdent les besoins, sur le grand commerce, sur la grande industrie.

Ici encore il faudrait éviter les abus, l'arbitraire; arrière sans doute les pratiques de la commune lyonnaise.... Une graduation sage dans les exonérations ne leur ressemblerait en rien.

Il y a des riches d'une manière absolue; il y en a, surtout en province, qui ne le sont que d'une façon très-relative.

Les uns comme les autres doivent, dans certaines limites et comme la noblesse dans la nuit du 4 août, savoir faire généreusement et spontanément des sacrifices sur l'autel de la patrie.

Ce qu'ils retrancheront au luxe, au plaisir, leur sera restitué en reconnaissance, en bénédictions de leurs concitoyens; et l'ouvrier, le petit propriétaire, le petit commerçant, le petit industriel, allégés du poids des surtaxes, supporteront plus facilement et avec plus de résignation le poids déjà trop lourd pour eux des charges actuelles.

Ainsi s'opérera la transition et lorsque les surtaxes auront soldé les charges extraordinaires, les habitudes d'une inégalité apparente qui constitue la véritable égalité, étant contractées, il sera possible d'asseoir définitivement une vraie répartition proportionnelle des charges publiques, dans l'acception véritable et étendue du mot.

De la répartition des charges publiques, nous sommes naturellement amenés à l'examen de leur quotité, de leur emploi, et cette question complexe et vaste qu'on

peut appeler la question de finances dans le gouvernement futur de la France, doit être l'objet des méditations de nos législateurs et surtout de leur sévérité.

C'est cette sévérité qui nous paraît destinée à exercer sur les mœurs publiques une prompte et salutaire
influence.

Il est impossible de dire ce qui arrivera de notre organisation militaire.

Ce serait un vrai motif de consolation pour la France,
pour la civilisation, pour l'humanité, si cette guerre
terrible que viennent de se livrer deux grandes nations
avait pour conséquence d'anéantir ou même d'atténuer
dans le monde l'esprit belliqueux. C'est, en effet, cet esprit de conquête qui pousse les nations les plus civili-
sées à s'entre-détruire et à appliquer les ressources de
leur intelligence dans l'invention de moyens pour y
parvenir plus promptement et plus efficacement.

Oni, il faudrait se consoler, si telle était la conséquence de cette fatale guerre. Qu'elle fut la dernière
que se livreront de grands peuples pour des querelles
dans lesquelles ils sont désintéressés.

Mais nous ne comptons pas à ce point sur la sagesse
des peuples, ni sur l'intervention des diplomates.

Il faut donc que les finances de l'Etat soient conduites
avec une grande austérité.

A tous les degrés de la hiérarchie, on doit établir et
pratiquer la responsabilité des agents pour empêcher la
dilapidation des deniers publics, que révélera surtout,
dit-on, l'investigation à laquelle on se livre déjà,
en ce qui concerne l'administration militaire.

Il y a, en France, des abus de bureaucratie qu'il
faut réprimer.

Il y a partout des armées de fonctionnaires qui ne rapportent pas ce qu'ils coûtent.

Il faut tailler dans le vif, réduire les gros traitements et en supprimer beaucoup.

Les rouages financiers, les rouages de l'administration sont trop nombreux et trop payés.

Respect aux petits traitements s'ils s'appliquent à des fonctionnaires utiles.

Mais *guerre à outrance* aux gros traitements, aux sinécures.

Voilà ce que demande la France. Elle ne se se contentera pas du mot; elle veut résolùment la chose.

§ 6.

De la force publique.

L'organisation de la force publique dans tout Etat civilisé ne doit avoir que deux buts :

Celui de DÉFENDRE le pays contre les ennemis du dehors ;

Celui, non moins important, de garantir au dedans le maintien de l'ordre et l'exécution des lois.

Pour le premier, les hommes compétents auront à nous faire connaître les enseignements qu'ils ont pu retirer de la guerre contre la Prusse, et de quelles modifications , par suite, doit être susceptible notre organisation militaire.

C'est surtout au point de vue du budget qu'il faudrait pouvoir l'améliorer.

Résoudre ce grand problème d'avoir, comme en Prusse, des armées toujours exercées et prêtes à marcher, maisréduites sur pied au strict nécessaire quand la paix extérieure n'est point troublée.

De cette façon on arrive à deux avantages désirables :

Réduire notablement le budget de la guerre ;

Restituer à l'agriculture et à l'industrie les bras qui lui sont indispensables.

Mais en dehors de ces moyens dont l'efficacité relative reste toujours lente, sinon problématique, nos vœux sont pour que chaque Etat, en Europe, dominé comme la France, régénéré par l'unique désir, par l'unique besoin de se DÉFENDRE contre l'ennemi du dehors, l'esprit de conquête ayant jeté son dernier cri, personne ne songeant à devenir l'agresseur, une PAIX GÉNÉRALE survienne qui aurait pour conséquence un grand désarmement.

Quant au second but assigné à la force publique, il a sa raison d'être.

Plus la liberté est grande dans une nation , plus puissants doivent être les moyens de réprimer ceux qui troublent l'ordre, ceux qui résistent à l'exécution des lois.

Les révolutions fréquentes qui surgissent en France ont rendu chez elle cette nécessité plus impérieuse.

Mais il faut espérer que, si la France parvient à se donner un gouvernement stable, accepté par tous, nous finirons, comme nos voisins les Anglais, à renoncer à ces éternelles et violentes controverses sur le principe lui-même du gouvernement. Nous comprendrons, comme eux, le respect de la loi, et dès lors le rôle de la force publique pourra être de beaucoup amoindri et réduit à ce qu'exige la bonne police d'un grand Etat.

En attendant la réalisation de ce vœu qui ne doit pas être un rêve, il faut rassurer les timides, les vrais amis de la liberté, comme ceux à qui elle inspire quelque défiance. Il faut organiser la force publique dans des conditions de discipline, d'obéissance qui permettent de compter inccssamment sur son concours lorsqu'elle aura à agir à l'intérieur, sur la réquisition des autorités constituées et pour l'exécution des lois.

§ 7.

De la forme du Gouvernement.

Ainsi que nous l'avons dit en commençant, il nous a semblé plus logique de mettre à la fin de cette étude une question que d'autres auraient peut-être placée au frontispice.

Les conditions importantes de la Constitution future étant posées comme des bases, dont on peut modifier quelques détails, mais dont les principes généraux s'imposent à tous les esprits, la solution de la question que nous allons discuter devient peut-être plus facile sans cesser d'être aussi importante.

Sans lien politique qui nous gêne, sans parti pris,

nous avons la conscience que nous apporterons dans cet examen toute l'impartialité, nous allions dire toute la solennité qu'il comporte.

Notre point de départ est celui-ci :

Un gouvernement basé sur le suffrage universel et par suite éminemment démocratique, éminemment libéral, peut-il être autre chose qu'un gouvernement républicain ?

Ou bien tout démocratique, tout libéral qu'il soit, avec son point d'appui sur le suffrage universel, un pareil gouvernement peut-il s'accommoder de la forme monarchique ?

Nous allons examiner successivement ces deux propositions en présentant les arguments pour et contre chacune d'elles.

Mais d'abord il est indispensable de s'entendre sur quelques principes qu'on s'étonne de voir encore discutés dans la polémique de la presse.

Une école, à la tête de laquelle semble se placer Louis Blanc, dit : la République est de DROIT ; la République est au-dessus des majorités. Sur quoi Rochefort, renchérissant, ajoute : Nous ne permettrons pas qu'on nous *escamote* la République.

Le comte de Chambord dit, à son tour, assez timidement, mais il est des légitimistes qui disent plus résolûment :

La monarchie héréditaire c'est la tradition de la nation française, c'est le DROIT DIVIN.

Aux uns et aux autres nous ferons la même réponse, disant qu'ils professent tous des hérésies identiques dont il faut faire promptement justice.

Qui peut avoir, en France, le DROIT de professer de telles maximes ?

Ce DROIT, de qui le tiennent ceux qui le revendiquent ainsi ?

La prétention des uns autoriserait donc la prétention des autres ? Et cependant elles s'excluent mutuellement.

De semblables doctrines ne peuvent rivaliser qu'avec cette *mission providentielle* dont se targuait l'empereur déchu et que ses courtisans lui attribuaient sans cesse dans leurs harangues flagorneuses.

Non, personne, en France, quelque grand qu'il soit, ne peut se dire au-dessus du suffrage universel.

Quand il est appelé à se prononcer, chacun a le droit de l'avertir, de l'éclairer !

Mais lorsqu'il a parlé, c'est un devoir strict, obligatoire, sacré pour tous, de s'incliner et d'obéir.

Hors de là, il n'y aurait que le DROIT de la force. Ce n'est pas sur lui que doit se fonder le gouvernement de la France.

Il faut donc reconnaître que la nation, par ses mandataires librement élus, a seule le DROIT de régler ses destinées.

Dans la nation ainsi représentée par le suffrage universel réside le DROIT au-dessus ou à côté duquel nul autre n'existe.

Si la France veut la République, personne n'aura la puissance de la lui ravir, de la lui *escamoter*.

De même que si elle la repoussait par le suffrage universel, personne ne pourrait la lui imposer de vive force.

Ce point acquis, ces principes posés, examinons la question froidement, avec calme.

Elle a deux aspects, nous allons les aborder séparément.

1° La République est-elle le gouvernement préférable ?

2° Est-elle, en France, le gouvernement préféré, désiré ?

1°.

Nul doute pour nous que le gouvernement républicain est le gouvernement le plus parfait.

Dans une république démocratique, le peuple est, à certains égards, le monarque ; à certains autres, il est le sujet : c'est Montesquieu qui l'a dit.

Les lois sont ses volontés, elles ne peuvent donc exciter aucuns griefs, aucunes récriminations.

Si elles sont défectueuses ou surannées, le peuple peut les modifier, les remplacer par d'autres.

En aucun cas, elles ne pouvent être l'objet d'une attaque contre le gouvernement lui-même.

Les magistratures les plus importantes étant électives et temporaires, — émanant dans tous les cas de l'autorité souveraine manifestée par le suffrage universel, — les déprédations, les abus d'autorité sont peu à redouter.

Les finances de l'Etat, surveillées par la nation elle-même, — beaucoup de fonctions étant gratuites, — d'autres peu rétribuées, — la responsabilité des agents du pouvoir cessant d'être une chimère, — la liste civile, le luxe d'une cour, avec ses nombreux palais, étant supprimés , — les dépenses publiques sont réduites au strict nécessaire et par suite les impôts mieux répartis deviennent une charge moins lourde pour le peuple.

Mais d'autres avantages, d'autres motifs de préférence aussi sérieux sont encore attachés à cette forme de gouvernement.

Dans la monarchie même constitutionnelle, il est difficile au pays de soustraire absolument le droit de paix ou de guerre, le droit d'alliance à la volonté du monarque.

Par le choix des ministres, par le choix des diplomates, par son influence, par leur action, il peut arriver qu'il engage soudainement, à un certain degré, l'honneur national dans une querelle peut-être provoquée ou qui aurait pu être évitée, alors le pays peut se trouver en face d'une guerre inévitable, d'une guerre malheureuse.

Rien de cela n'est possible avec la France républicaine.

La République, en effet, marchant incessamment dans la voie des progrès, de la civilisation, du bien de l'humanité, ne saurait être animée de l'esprit de conquête. Sa force publique, comme nous le disions dans le paragraphe précédent, n'ayant d'autre but au dehors que la *défense nationale*, les guerres agressives deviennent impossibles.

Nous ne voudrions pas rabaisser les grandes choses par de comparaisons triviales ; cependant il est impossible de ne pas remarquer que, sous certains rapports, du moins, l'établissement d'un gouvernement nouveau à faire accepter par le peuple en possession de sa souveraineté ressemble beaucoup à une question de concurrence.

Envisagée à ce point de vue et en face des avantages

moraux et matériels que nous venons d'énumérer, il n'est pas douteux que la philosophie comme la spéculation doivent faire accorder la préférence à la forme républicaine.

Mais transitoirement, elle offrirait un autre avantage dont la considération, placée ici à la fin de cet examen, doit être pour les esprits élevés purement secondaire.

La République nous débarrasserait des trois natures de prétendants dont l'ambition, qui ne tardera pas à se manifester par eux ou par leurs amis, pourrait devenir une gêne, un embarras pour le pays et peut-être des sujets de luttes, de collisions, de guerre civile.

Nous reviendrons bientôt sur cette question des prétendants; mais remarquons ici que la République, en les éliminant tous sans exception, deviendrait un refuge assuré pour la nation contre ces compétitions multiples, qui n'oseraient plus se produire en face de la volonté bien arrêtée par le pays d'accepter la forme républicaine.

Il est donc évident et suffisamment démontré que la République, avec les assises solides qu'il faudrait lui donner, serait pour la France un gouvernement parfait, ce serait l'inauguration de l'*âge d'or*.

Malheureusement, à l'encontre de la thèse qui précède, se dressent des objections qui frappent certains esprits.

La vertu, dit-on, est le principal ressort des républiques.

Dans l'état monarchique la vertu n'est point exclue, mais elle n'en est pas le ressort.

Or, il est à redouter en France, au moins temporairement, que le ressort ne soit pas en harmonie avec la puissance de la machine.

N'est-il pas à craindre par suite que la République nouvelle, telle qu'il la faudrait, telle que nous la voudrions, telle que nous la désirerions, ne rencontrant pas pour la soutenir les vraies forces républicaines essentielles à son fonctionnement, n'ait, comme sa devancière, qu'une durée éphémère dont la fin serait le signal de nouvelles perturbations sociales ?

D'autres disent la République, bonne pour un peuple neuf comme l'Amérique, ne peut s'acclimater en France, dans un grand pays qui a ses traditions, ses habitudes, ses mœurs toutes monarchiques et qui l'éloignent de la place publique où la République le transporterait trop souvent.

D'ailleurs, ajoutent-ils, jamais les grands Etats de l'Europe, dans la crainte de la contagion, ne seront sympathiques à la France *républicaine*.

C'est principalement M. *Thiers* qui a développé cette thèse dans l'histoire de la révolution française.

Mais c'est lui aussi qui a dit que *la République serait le gouvernement qui nous diviserait le moins*.

Le temps, l'expérience, chez un esprit aussi élevé que le sien, ont pu modifier ses idées premières, même des idées préconçues.

Récemment M. Thiers a refusé de donner son opinion actuelle sur cette grave question ; nous démontrerons bientôt que c'est de sa part un acte de haute sagesse, de haute prudence ; — mais nous n'en sommes pas moins impatients de savoir ce qu'il en pense en 1871.

Enfin les adversaires de la République disent encore :

La France a deux fois fait l'essai du gouvernement républicain ; — deux fois elle a échoué, gardons-nous d'une troisième épreuve aussi dangereuse, aussi fatale, qu'elle serait inutile.

Non-seulement la première République a échoué en France, mais elle a échoué dans ses tentatives pour républicaniser l'Italie, la Hollande et pour modifier la Constitution républicaine de la Suisse en la démocratisant toute entière.

Que sont devenues ces nombreuses républiques, filles de la première République française : la République ligurienne, la République cisalpine, la République romaine, la République batave, etc., etc. ?

Que sont devenues elles-mêmes la première et la deuxième République française ?

Sur les questions abstraites que renferment les arguments que nous venons de reproduire avec impartialité, la divergence des opinions est possible, inévitable même.

Mais sur la question historique, sur la question de fait que nous venons de poser, la réponse est facile.

Qui est-ce donc qui a compromis, qui a perdu la première République française que les contemporains comme les générations qui ont suivi, n'ont jamais voulu séparer des meurtres, des tyrannies et des violences de toute nature, sur lesquels le gouvernement de la Terreur voulut asseoir sa puissance ?

Evidemment ce sont ces excès sanguinaires qui inspirèrent à la nation une horreur si profonde qu'après le 9 thermidor, la réaction agissant dans les conditions des lois physiques comme des lois morales, poussa la nation dans les voies non moins fatales qui amenèrent le 18 brumaire, puis la puissance napoléonienne sous la forme du consulat et de l'empire avec le couronnement de Waterloo.

Comment la République de 1848 s'est-elle compromise, perdue ; par qui et pourquoi a-t-elle été *escamotée ?*

Ici, l'histoire est contemporaine, puisqu'une génération à peine nous sépare de cette époque dont le souvenir est présent à tous les esprits.

Les mêmes lois de la réaction que nous citions tout à l'heure ont dû encore exercer à 50 ans de distance les mêmes phénomènes qu'ils produisirent à la fin du siècle dernier.

Les arbitraires républicains, les journées de Juin, voilà évidemment ce qui discrédita la tentative de 1848.

La France mit les journées de Juin sur le compte de la République, elle considéra que les mêmes causes produisant incessamment les mêmes effets, il fallait supprimer la cause, afin de se préserver des inconvénients de l'effet.

Volontairement, de gaieté de cœur, pour ainsi dire, elle fit Napoléon III président de la République, comme nos aïeux avaient fait l'oncle premier consul, sachant bien, voyant bien qu'il se ferait empereur, même empereur belliqueux ; parce qu'elle préférait encore l'empire despotique aux horreurs de 1793 dont le spectre la poursuivait.

Cependant les situations n'étaient pas les mêmes ; il y avait entre 1793 et 1848 ces deux énormes différences : la première dans l'atténuation des faits ; la seconde, essentielle, capitale, qui aurait dû frapper tous les esprits, c'est qu'en 93, les meurtres, les massacres étaient organisés par le gouvernement d'alors. tandis qu'en 1848, c'était le général Cavaignac, chef du gouvernement de la République, qui avait lutté contre l'émeute du 15 mai, contre les journées de Juin.

Mais....., rien n'y fit ; malgré sa mobilité, l'esprit français, lorsqu'il a été vivement impressionné, se souvient longtemps ; et la raison alors ne peut rien contre ses entraînements.

En 1848, d'ailleurs, les terreurs du peuple, la crainte du spectre rouge furent habilement exploitées par l'astuce et l'intrigue de l'homme qui, sous des dehors bénins, avec l'hypocrisie et la corruption dont il émailla son règne, déguisant son ambition sous des promesses de paix, puis flattant les classes inférieures, nous amena par degré à cette folle guerre contre la Prusse avec le couronnement de Sedan qui engendra la capitulation de Metz et dont la dernière et fatale conséquence a été la capitulation de Paris, avec une paix tellement onéreuse qu'elle n'a pas son exemple dans les annales de l'histoire.

1871 peut-il ressembler à 1793 ?

Peut-il même nous donner une nouvelle édition de l'insurrection du 15 mai, des journées de Juin 1848?

Il y a bien en France quelques fanatiques, quelques exaltés, capables d'aller jusqu'au bout dans les excès démagogiques.

Ils ont bien fait la journée du 31 octobre, ils ont bien essayé d'en faire une autre au 22 janvier.

Mais, outre que les circonstances ne sont plus les mêmes, — car ils avaient alors, non pas pour justification, mais pour prétexte, les exigences de la défense nationale, — il est certain aujourd'hui que, malgré la violence des chefs, de pareilles tentatives émaneraient d'une minorité trop infime pour ne pas être promptement réprimées même par les énergiques manifestations de l'opinion publique.

Depuis vingt ans, la question républicaine est tellement entrée dans le domaine de la discussion que, chacun se trouvant dans la nécessité de l'examiner, on s'est en quelque sorte familiarisé avec le mot et, par suite, on s'est moins effrayé de la chose.

La théorie républicaine a fait beaucoup d'adeptes, surtout dans les classes éclairées, et plus l'idée s'est généralisée, moins les violences de ceux qui l'exagèrent sont à redouter.

Après le 4 septembre, il eut été bien facile de faire de plus nombreuses conversions à l'idée républicaine.

Nous le demandons loyalement aux républicains sincères qui, loin d'avoir participé aux excentricités, aux mesures liberticides de la branche détachée du Gouvernement de Paris, en ont gémi comme nous.

Oui, nous leur demandons ce que leur cause a pu gagner à ces fautes, à ces abus.

Si le Gouvernement alors, considérant que la République devait être inaugurée pour tous, qu'elle devait être le gouvernement du pays par le pays, eut pu se modérer dans ses destitutions, s'il eut montré moins d'esprit d'exclusion dans la nomination aux fonctions publiques, si ses fontionnaires eussent prêché d'exemple en ce qui touche la réduction des traitements; si le Gouvernement eut respecté et fait respecter toutes les libertés, la liberté de la presse, la liberté de la propriété comme la liberté de conscience; s'il eut fait les élections en septembre, alors qu'elles étaient possibles, comme vient de le dire M. Grévy, en ajoutant que *toutes les dictatures se valent;* et s'il n'eut pas attenté au suffrage universel par ses commissions municipales et départementales, nous croyons qu'au 8 février l'idée républicaine eut été plus en progrès. Nous ajouterons encore, — triste et vaine récrimination, — que, probablement alors, la guerre eut été moins longue, moins terrible et la paix moins onéreuse.

Oui, la République alors eut été irréprochable.

Par anticipation, elle eut été en harmonie avec le suffrage universel tel qu'il s'est manifesté au 8 février.

Si les républicains disent qu'ils ont marché dans leur voie... le suffrage universel qui, dans tous les cas, doit avoir le dernier mot, répondra que, lui aussi, il a marché dans la sienne.

Mais nous croyons que rien n'est encore perdu, nous le désirons ardemment.

La Constitution de 1871 entraînera des lenteurs forcées. Préalablement il faut pourvoir au plus pressé. Il faut entreprendre, organiser l'œuvre de la réparation des maux de la guerre; ils sont si nombreux, si profonds, que c'est là un travail gigantesque. Il faut organiser l'administration intérieure, satisfaire aux exigences du suffrage universel pour les conseils locaux, pour les mairies.

Pendant tout ce temps, un peu long, qui nous sépare

de la Constitution définitive du pays, espérons que, sous l'influence de l'intelligence si patriotique et de l'autorité incontestable de l'illustre chef du pouvoir exécutif, une grande fusion des partis s'accomplira, du moins la grande fusion de toutes les branches du parti de l'ordre.

Espérons que tous ceux qui le composent comprendront qu'il est indispensable de faire abnégation de ses ambitions personnelles, de ses rivalités, de ses amours-propres; qu'il faut les déposer sur l'autel de la patrie ; qu'il faut même y porter ses espérances ou ses affections politiques.

Espérons que tous, même les plus dissidents, comprendront qu'il serait impie et sacrilége d'ajouter ou de substituer aux malheurs de la guerre étrangère, les plaies de la guerre civile qui était le rêve du chancelier de l'empire allemand.

C'est surtout aux partisans les plus ardents de la forme républicaine que, dans l'intérêt bien entendu de la réalisation du gouvernement de leurs rêves, nous donnons ces conseils de modération et de sagesse.

Si donc telle était l'attitude du gouvernement, si telle était celle des partis pendant la période qui va nous séparer du vote définitif de la Constitution nouvelle, il n'est pas douteux que le peuple, apercevant la différence entre la République qui succéderait à l'empire et la République de 1793, teinte du sang des échafauds officiels, et la République de 1848, souillée par les journées de Juin, se prît à aimer la nouvelle République ayant réellement pour bases la liberté, l'égalité, la fraternité, la famille, le travail, la propriété, la religion, les bonnes mœurs et l'ordre public.

Alors il faudrait bénir la sagesse de M. Thiers, qui aurait éloigné l'examen, la discussion et la solution des questions qui se rattachent à la forme définitive du gouvernement.

Nons venons d'exposer en toute conscience nos motifs de préférence pour la forme républicaine sans omettre les arguments qui existent ou qu'on objecte contre cette thèse.

De ces appréciations dogmatiques ou théoriques passant à la question pratique, à laquelle il faudra bien revenir après avoir éliminé définitivement ces arguments de pure métaphysique, ces sophismes d'origine antérieure ou supérieure, que ni les gens éclairés, ni le peuple ne sauraient admettre.

Démontrons une dernière fois que la suprématie doit rester au suffrage universel.

2°.

Examinons en deuxième lieu si la forme républicaine est désirée et préférée par la France.

Il pourrait se faire que, pour un aéropage bien choisi, pour l'Assemblée nationale actuelle, par exemple, ou pour celle qui lui succédera, si celle-ci ne fait pas elle-même la Constitution, le gouvernement républicain fût considéré comme le meilleur, comme le plus parfait, comme celui que la France, dans l'intérêt de son avenir, par les raisons que nous avons données, par celles que nous avons pu omettre, dût être nécessairement préféré à tout autre.

Pour des législateurs scrupuleux, honnêtes et éclairés, cela ne suffisait pas. Je m'explique :

Nous ne sommes pas sous le régime des CAHIERS comme à la première convocation des Etats-généraux en 1788 ; mais l'opinion publique a ses nombreuses issues qui y suppléent.

Le peuple, c'est le nombre, c'est le pays.

S'il était vrai que le peuple, que le pays ne voulussent pas la République, qu'ils en méconnussent les bienfaits, de quel droit antérieur ou supérieur au sien la lui imposerait-on ?

Quel est l'apôtre de cette religion moderne qui se chargerait de l'enseigner et de la faire prévaloir ?

Le peuple averti, éclairé, ne se laissera plus tromper au pied de l'urne électorale ; ce qu'il voudra, il le voudra efficacement.

Malheur à ceux qui résisteraient à ses volontés !....

Cette hypothèse plus ou moins admissible de la France, usant des moyens qu'elle a de faire connaître ses volontés, se déterminant à condamner la République, soit par des choix monarchiques, soit par le refus de ratifier l'établissement d'un gouvernement qui ne lui inspirerait que crainte ou répulsion, il importe d'examiner ce qui devrait s'ensuivre.

Nous l'avons écrit ailleurs :

Il existe dans le monde deux nations également remarquables par le progrès des lumières, de la science, des arts, de la civilisation, par la richesse commerciale, par la pratique de la liberté dans toute son extension, par la prépondérance politique dont elles jouissent dans l'un et l'autre hémisphère.

Les avoir ainsi caractérisées, c'est avoir nommé l'Angleterre et la Confédération du Nord de l'Amérique.

L'une existe avec le principe de la monarchie héréditaire, qui n'y est jamais contesté.

L'autre vit sous la forme républicaine, qui y est aussi à l'abri de la controverse des partis.

Ce qui prouve que le droit divin, ou, comme on préfère l'appeler, le droit antérieur ou supérieur n'existent ni pour l'une ni pour l'autre forme de gouvernement.

Ces deux peuples sont cependant de GRANDS PEUPLES... Leurs mœurs, leurs lois, leurs habitudes comme leur prospérité présentent entre elles beaucoup d'analogies.

Que faut-il en conclure ?

C'est que, si la forme républicaine, meilleure et plus parfaite en théorie, n'était pas comprise ou était considérée précisément comme trop perfectionnée pour succéder brusquement à l'empire corrupteur et corrompu, il faudrait, en réservant l'avenir, se rattacher à la monarchie constitutionnelle, en se rappelant l'ère de prospérité qu'elle nous a donnée et qui se fût accrue et perpétuée si le gonvernement de 1830 n'eût pas commis les fautes qui l'ont précipité.

Mais alors surgirait pour la France cette liste de prétendants divers, de compétitions dynastiques s'appuyant sur la tradition, sur les souvenirs, sur la volonté nationale et se disant toutes également légitimes.

Le peuple français, ce peuple si droit, si loyal, si généreux, fait trop souvent de la politique par instinct, par entraînement.

Pour quelques habitants des campagnes, l'Empire reste avec les souvenirs récents de la prospérité dont jouissaient sous lui le commerce, l'industrie, l'agriculture.

Sous l'influence de pareilles réminiscences quelques-uns seraient tentés de désirer sa restauration.

Malheureux ! comprenez donc qu'avec l'Empire, aucun de ces avantages n'était solide, n'était durable. L'événement ne vous l'a que trop prouvé.

Si vous ne prisez pas tous ces biens moraux et intellectuels dont l'Empire vous a privés ; si vous n'envisagez que les avantages ou les inconvénients positifs, ne voyez-vous pas, ne comprenez-vous pas que cette prospérité matérielle dont l'Empire, par la seule force des choses, vous a fait jouir ou vous a laissé jouir pendant quelques années : en peu de mois non-seulement il vous les a ravis, mais en exposant en outre la France aux humiliations qu'elle subit, il vous a fait expier, il vous a fait payer ces prétendus bienfaits par la perte de vos enfants, par ce long malaise auquel nous sommes voués pour longtemps, par ces lourds impôts que vous avez déjà payés et que vous payerez pendant de si longues années, enfin par toutes ces misères de la guerre étrangère et peut-être de la guerre civile qui, chiffres pour chiffres, sont bien plus gros que ceux que vous avez retirés des avantages éphémères que l'Empire prétend vous avoir donnés.

Est-ce lui, ou est-ce vous qui payerez les DIX OU DOUZE MILLIARDS que nous aura coûtés NAPOLÉON III ?

Non, la France n'est pas une race belliqueuse et conquérante.

Honte et malédiction à perpétuité à cette dynastie napoléonienne qui, par son orgueil, sa folle ambition, son esprit de conquête, l'a deux fois précipitée dans l'abîme.

Non, la race des Bonapartes ne souillera plus désormais le sol français ; il ne serait nécessaire, pour cela, ni de lois, ni de décrets.

Le bon sens public, l'indignation de la nation suffiront pour nous mettre à l'abri de ses intrigues, de ses tentatives criminelles de restauration.

Mais cette candidature écartée, il en resterait deux autres, et il ne nous coûte pas de dire qu'elles se présenteraient dans d'autres conditions.

A ce propos, il est un fait digne de remarque, c'est que ni celui qui est depuis 40 ans dans l'exil, ni ceux qui y vivent depuis 1848, n'ont jamais troublé la paix intérieure du pays. Non, ni les uns, ni les autres n'ont parodié les tentatives de Boulogne et de Strasbourg, toutes leurs aspirations sont restées françaises.

Et les membres de la branche d'Orléans qui sont arrivés par l'élection libre à l'Assemblée nationale ont commencé par offrir leur sang à la Patrie.

Ce second baptême qu'ils ont envié les honore. Les lois d'exil qui frappent ces deux branches doivent disparaître. Elles ne sont compatibles ni avec le suffrage universel, ni avec la majesté du peuple français.

Que ces princes exilés rentrent donc dans la grande famille française, unis, d'accord, comme le commande leur patriotisme, comme le désirent les amis nombreux qu'ils comptent dans les rangs les plus éclairés du pays et qu'ils attendent avec respect et pour s'y soumettre, quel qu'il soit, le verdict suprême de la nation française.

Alors, que la France reste républicaine,

Ou qu'elle en revienne à la monarchie constitutionnelle.

Ce qu'il lui faut, dans tous les cas, ce que nous lui souhaitons, c'est d'avoir un gouvernement éminemment démocratique, éminemment libéral, éminemment économe qui garantisse sa grandeur et sa prospérité.

Nous terminons ainsi cette ÉTUDE dans laquelle nous avons apporté le tribut d'un examen consciencieux.

Il nous aurait paru téméraire de trancher d'une façon plus absolue la dernière question que nous nous sommes posée.

Sa solution doit appartenir au suffrage universel ; peut-être n'est-elle pas encore arrivée pour lui à la maturité complète. La sagesse et l'importance du sujet exigent qu'on se recueille.

Par ces hésitations, nous courons risque de ne satisfaire, ni les fanatiques, et les exaltés parmi les républicains.

Ni les fanatiques du dogme de la légitimité,

Ni les partisans de la restauration orléaniste.

Mais nous ne sommes pas homme de parti, nous n'écrivons pas pour un parti, mais pour ceux qui n'ont aucun parti pris.

Nous l'avons dit en commençant, notre seul but est d'engager nos compatriotes à réfléchir sur ces graves questions, à les méditer, à en rechercher la solution en honnêtes gens, ne se préoccupant que des intérêts de la France.

Nous serons heureux si, pour une part quelconque, nous avons obtenu ce résultat, le seul que nous ambitionnons !

Ceyssac, 5 mars 1871.